AF370919

TABLEAU

DES LIBRAIRES

ET

DES IMPRIMEURS

JURÉS

DE L'UNIVERSITÉ DE PARIS,

AU 23 JUILLET M. DCC. LXXXV.

A PARIS,

De l'Imprimerie de VALLEYRE, le jeune, Adjoint.

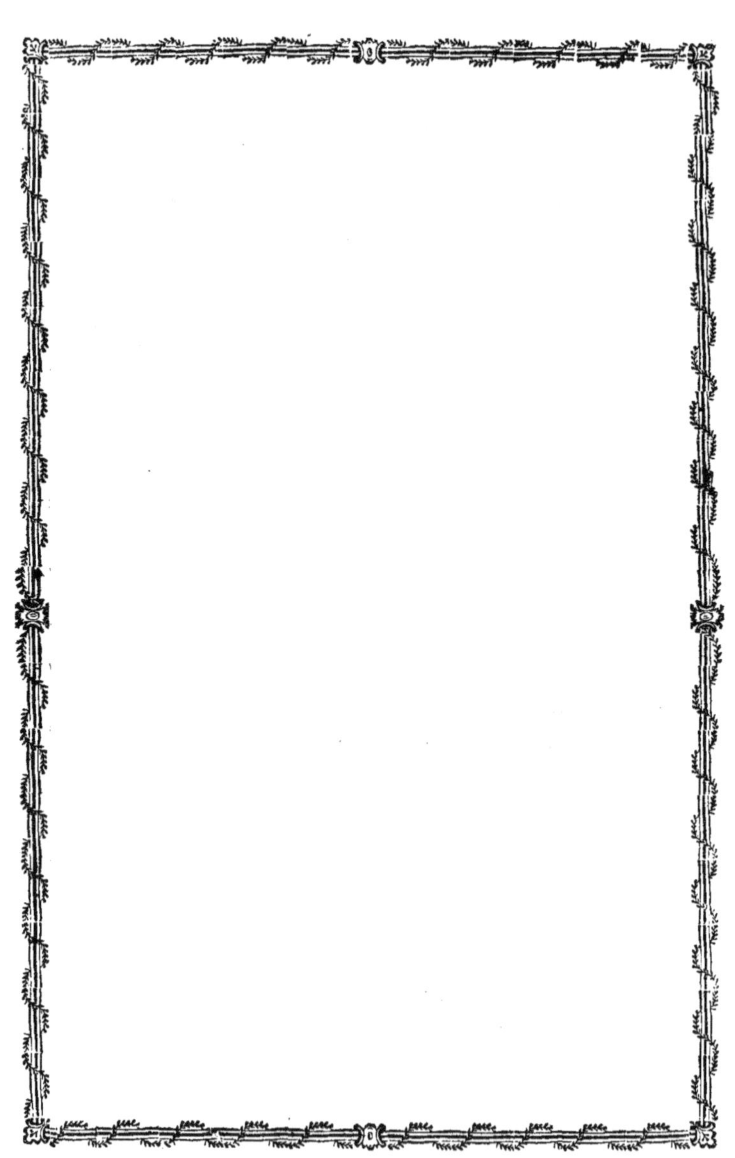

OFFICIERS
EN CHARGE,
AU XXIII JUILLET M. DCC. LXXXV.

LXe SYNDICAT,

Depuis le 9 Juillet 1618, époque du 1er Réclement.

SYNDIC,

M. CHARLES-GUILLAUME LE CLERC, Libraire, *quai des Augustins, du 18 Mai 1780.*

Adjoint du 15 Juin 1762, au 4 Juin 1766.

ADJOINTS,

M. ANTOINE FOURNIER, Libraire, *rue du Hurepoix.*

M. NICOLAS-FR. VALLEYRE, le jeune, Impr. *rue Saint-Severin.* } *Du 18 Mai 1780.*

M. PIERRE-FR. GUEFFIER, Imprimeur, *rue de la Harpe.*

M. CHARLES-PIERRE BERTON, Libraire, *rue Saint-Victor.* } *Du 8 Août 1781.*

M. JEAN-LUC NYON, *l'aîné,* Libraire, *rue du Jardinet.* } *Du 23 Juillet 1785.*

ARCHIVISTE,

M. CHARLES-GUILLAUME LE CLERC, Libraire, *quai des Augustins, près la rue Gilles-Cœur.*

Du 17 Mai 1764.

ANCIEN SYNDIC,

M. SAILLANT, *du* 3 *Août* 1774, *au* 3 *Juillet* 1777;
Adjoint du 8 *Août* 1757, *au* 15 *Juin* 1762.

ANCIENS ADJOINTS,

M. VILLETTE, *Doyen*,	*du* 31 *Juill.* 1742, *au* 12 *Août* 1744.
M. DEBURE, *le père*,	*du* 6 *Août* 1745, *au* 29 *Août* 1747.
M. DESPREZ, Impr.	*du* 13 *Juill.* 1753, *au* 15 *Sept.* 1756.
M. ESTIENNE, *l'aîné*,	*du* 22 *Sept.* 1755, *au* 8 *Août* 1757.
M. VINCENT, ...	*du* 26 *Avril* 1759, *au* 11 *Mai* 1763.
M. ESTIENNE, *le jeune*,	*du* 15 *Juin* 1762, *au* 4 *Juin* 1766.
M. d'HOURY, Impr.	*du* 11 *Mai* 1763, *au* 7 *Juin* 1767.
M. LE PRIEUR, ...	*du* 4 *Juin* 1766, *au* 15 *Juin* 1768.
M. DE LORMEL, Impr.	*du* 7 *Juin* 1767, *au* 7 *Juin* 1769.
M. KNAPEN, *le père*, Impr. M. BABUTY, ...	*du* 15 *Juin* 1768, *au* 5 *Juill.* 1770.
M. DIDOT, *le jeune*, Impr.	*du* 7 *Juin* 1769, *au* 26 *Juin* 1771.
M. LE CLERC, L.-Fr. M. BROCAS, ...	*du* 5 *Juill.* 1770, *au* 20 *Août* 1772.
M. DIDOT, *l'aîné*, Impr. M. HARDY, Sim.-Profp.	*du* 26 *Juin* 1771, *au* 30 *Juin* 1773.
M. SAMSON, ...	*du* 20 *Août* 1772, *au* 3 *Août* 1774.
M. LOTTIN, *le jeune*, M. CHARDON, Impr.	*du* 30 *Juin* 1773, *au* 19 *Juill.* 1775.
M. LAMBERT, Impr. M. HUMBLOT, ...	*du* 3 *Août* 1774, *au* 3 *Juill.* 1777.
M. SIMON, P.-G. Impr. M. DEBURE, G. *fils aîné*,	*du* 19 *Juill.* 1775, *au* 22 *Mars* 1779.
M. GOGUÉ, ... M. DE HANSY, . . .	*du* 3 *Juill.* 1777, *au* 18 *Mai* 1780.

EX-ADJOINTS,

M. DURAND, *le neveu*, M. QUILLAU, *le jeune*, Imp.	*du* 22 *Mars* 1779, *au* 8 *Août* 1781.

ORDRE CHRONOLOGIQUE
DES LIBRAIRES
JURÉS DE L'UNIVERSITÉ DE PARIS.

—36ᵉ SYNDICAT, de M. Florentin DELAULNE, du 18 Octobre 1715, au 8 Août 1722.—　　6 ans 9 m. 21 j.

1720. 16 *Janvier.*　M. JEAN VILLETTE, *DOYEN de la Communauté, ancien Adjoint.*　1

1721. 30 *Décembr.* M. Jean Debure, *le père, ancien Adjoint.* 2

—37ᵉ SYNDICAT, de M. J.-B.-Chriſtophe BALLARD, du 8 Août 1722, au 8 Mai 1724. —　　1 an 9 mois.

1722. 17 *Octobre.* M. Claude Martin.　3

—40ᵉ SYNDICAT, de M. Michel BRUNET, du 19 Décembre 1726, au 12 Mai 1728.—　　1 an 4 m. 24 j.

1727. 21 *Novemb.* M. Claude Girard.　4

—42ᵉ SYNDICAT, de M. P.-Aug. LE MERCIER, du 4 Juin 1729, au 25 Juin 1732.—　　3 ans 21 jours.

1730. 8 *Août.*　M. Jean-Aug. Grangé, *le pere, Impr.*　5

—43ᵉ SYNDICAT, de M. Gabriel MARTIN, du 25 Juin 1732, au 5 Juillet 1737.—　　5 ans 10 jours.

1734. 16 *Février.* M. Antoine Boudet.　6

—44ᵉ SYNDICAT, de M. Simon LANGLOIS, du 5 Juillet 1737, au 14 Novembre 1739.—　　2 ans 4 m. 9 j.

1737. 30 *Juillet.* M. Gilles Lameſle, *l'aîné, Doyen des Imprimeurs.*　7

1738. 14 *Février.* M. Pierre-Guill. Simon, *Impr. anc. Adj.* 8

—45ᵉ SYNDICAT, de M. Cl.-Martin SAUGRAIN, du 14 Novembre 1739, au 12 Août 1744. —　　4 ans 8 m. 29 j.

1740. {

2 *Janvier.* M. Jacques Eſtienne, *l'aîné, ancien Adj.* 9

14 { M. Jacques-Hubert Butard. 10

M. Charles Saillant, *ancien Syndic & ancien Juge-Conſul.* 11

14 *Janvier.* M. Laurent-Charles d'Houry, *Impr. ancien Adjoint,* CONSUL. 12

3 *Mars.* M. Pierre-Guillaume Cavelier. 13

1741. { 7 *Décembr.* M. Guillaume-Nic. Deſprez, *Imprim. ordinaire du Roi, ancien Adjoint.* 14

16 *Décembr.* M. CH.-GUILL. LE CLERC, *SYNDIC, Archiviſte & Ex-Juge Conſul.* 15

1742. 20 *Nov.*　M. Charles Robuſtel.　16

ORDRE CHRONOLOGIQUE.

1742. 18 *Décembr.* M. Jacques-François Quillau, *l'aîné.* 17

1743. { 19 *Février.* M. Pierre-Nic. De Lormel, *Imprimeur,* ancien *Adjoint.* 18
{ 11 *Mai.* M. Jean-Baptiste Despilly, *le père.* 19

2 ans 3 m. 11 j.

— 46e SYNDICAT, de M. Jacques VINCENT, du 12 Août 1744, au 23 Novembre 1746. —

1744. 1 *Sept.* M. Phil. Vincent, *anc. Adj.* (GR. PR.) 20

1745. 18 *Décembr.* M. Claude Lamesle, *le jeune.* 21

1746. { 15 *Janvier.* M. Joseph-Gérard Barbou, *Imprim.* 22
{ 9 *Février.* M. Augustin-Martin Lottin, *l'aîné,* *Imprimeur-Libraire du Roi.* 23
{ 15 *Octobre.* M. Robert Estienne, *le jeune, ancien Adjoint, ancien Consul.* 24

2 ans 11 mois.

— 47e SYNDICAT, de M. Guillaume CAVELIER, du 23 Novembre 1746, au 22 Octobre 1749. —

1747. { 20 *Avril.* M. Pierre-Alex. Le Prieur, *anc. Adjoint, & ancien Consul.* 25
{ 29 *Juillet.* M. Noël-Jacques Pissot, *le père.* 26
{ 17 *Octobre.* M. André-Fr. Knapen, *le père, Impr. ancien Adjoint.* 27

1748. 28 *Mai.* M. Antoine-Claude Saugrain, *l'aîné.* 28

1749. 5 *Avril.* M. Michel Lambert, *Impr. anc. Adj.* 29

3 ans 2 mois.

— 48e SYNDICAT, de M. Théodore LE GRAS, du 22 Octobre 1749, au 22 Décembre 1751. —

1749. 31 *Déc.* { M. J.-B.-Paul Valleyre, *l'aîné, Impr.* 30
{ M. Jacques Mérigot, *l'aîné.* 31

1750. 18 *Sept.* M. Fr.-Joachim Babuty, *ancien Adj.* 32

3 ans 1 m. 2 j.

— 50e SYNDICAT, de M. François DIDOT, du 13 Juillet 1753, au 15 Septembre 1756. —

1753. 14 *Août.* { M. François-Ambroise Didot, *l'aîné, Imprimeur, ancien Adjoint.* 33
{ M. P.-Fr. Didot, *le jeune, Imprimeur, ancien Adjoint.* 34

1753. 12 *Octobre.* { M. André-Charles Cailleau, *Impr.* 35
{ M. Louis-François Prault, *l'aîné, Impr.* 36

1754. { 17 *Juin.* M. Laurent-Fr. Le Clerc, *anc. Adj.* 37
{ 25 *Octobre.* M. Paul-Denis Brocas, *anc. Adj.* 38

1755.	15 *Mai.*	M. Sim.-Profp. Hardy, *ancien Adj.*	39
1756.	1 *Mars.*	M. Jean-Jacques Samfon, *anc. Adj.*	40
	18 *Juin.*	M. Jean-Baptifte-Guillaume Mufier.	41
	4 *Août.*	M. Philippe-Denis Langlois, *le père.*	42
	27	M. Louis-Nicolas Prevoft.	43

— 51e SYNDICAT, de M. P.-G. LE MERCIER, du 15 Septembre 1756, au 26 Avril 1759. —   2 ans 7 m. 11 j.

1756.	20 *Nov.*	M. Louis Cellot, *Imprimeur.*	44
1758.	21 *Avril.*	M. Ant.-Profp. Lottin, *le jeune, anc. Adj.*	45
	22 *Août.*	M. Pierre-Fr. GUEFFIER, *Imprimeur, ADJOINT.*	46
	1 *Septem.*	M. Jean-François-Louis Chardon, *Imprimeur, ancien Adjoint.*	47
1759.	14 *Février.*	M. Denis Humblot, *anc. Adjoint.*	48

— 52e SYNDICAT, de M. G.-Cl. SAUGRAIN, du 26 Avril 1759, à fa mort 27 Avril 1762. —   3 ans 1 jour.

1759.	18 *Mai.*	M. Claude-Marin Saugrain, *le jeune.*	49
		M. Guill. Debure, *le fils aîné, anc. Adj.*	50
1761.	5 *Janvier.*	M. P.-E.-G. Durand, *le neveu, Ex-Adj.*	51
	8 *Juin.*	M. Jean-Baptifte Gogué, *anc. Adjoint.*	52
	16	M. Antoine FOURNIER, *ADJOINT.*	53
	15 *Sept.*	M. Benoît Rozet.	54

— 53e SYNDICAT, de M. André-François LE BRETON, du 15 Juin 1762, au 4 Juin 1766. —   3 ans 11 m. 12 j.

1762.	2 *Septembr.*	M. Charles-Jofeph Panckoucke.	55
	23	M. Pierre-Alexandre Laureau.	56
1763.	30 *Avril.*	M. François-Auguftin Quillau, *le jeune, Imprimeur, Ex-Adjoint.*	57
		M. Charles-Pierre BERTON, *ADJOINT.*	58
	10 *Mai.*	M. Nicolas-Fr. VALLEYRE, *le jeune, Imprimeur, ADJOINT.*	59
		M. Philippe-Denis Pierres, *Imprimeur ordinaire du Roi.*	60
		M. Marcel Prault, *le jeune.*	61
	3 *Sept.*	M. Jean-Thomas Hériffant.	62

1763.	3 *Sept.*	M. Hon.-Clém. De Hanſy, *anc. Adjoint.*	63
	17	M. Simon Gibert.	64
1764.	21 *Février.*	M. François-Guillaume Deſchamps.	65
	2 *Mai.*	M. Den.-Cl. Couturier, *le père.*	66
		M. Pierre Vente.	67
	7 *Août.*	M. Nicolas-Auguſtin Delalain, *l'aîné.*	68
	1 *Décembr.*	M. Pierre-Denis Couturier, *le fils, Impr.*	69
1765.	12 *Janvier.*	M. Jacques-Gabriel Vatar.	70
	21 *Mars.*	M. Jean-Luc NYON, *l'aîné, ADJOINT.*	71
	29	M. Jean-Fr. Debure de S. Fauxbin.	72
	7 *Mai.*	M. Nicolas-Léger Moutard, *Imprim.*	73
	21	M. Claude Bleuet, *le père.*	74
	23 *Novembr.*	M. Jacques Lacombe.	75
	17 *Décembr.*	M. Jean-Gabriel Mérigot, *le jeune.*	76
1766.	2 *Mai.*	M. Jean-Claude Molini.	77
	27	M. Gaſpard-Théodore Le Gras.	78

— 54e SYNDICAT, de M. Louis-Etienne GANEAU, du 4 Juin 1766, au 15 Juin 1768.—

2 ans 11 jours.

1766.	13 *Juin.*	M. Pierre-François Durand, *l'aîné.*	79
		M. Claude Simon, *Imprimeur.*	80
	17 *Octobre.*	M. Guillaume-Paſchal Prault.	81
	19 *Décembr.*	M. Robert-Marc Deſpilly, *le fils.*	82
1767.	6 *Février.*	M. Jacques-Gabr. Clouſier, *Imprimeur.*	83
	29 *Mai.*	M. Pierre-Rob.-Chriſt. Ballard, *Impr. concurremment avec Mme ſa mère.*	84
	4 *Octobre.*	M. Jacques Marchand.	85
		M. Louis-Charles Deſnos.	86
		M. René-François Fétil.	87
		M. Pierre-Etienne Dubois, *le père.*	88
		M. Jacques-François Pyre.	89
		M. Robert Ségaud.	90
		M. Pierre Gauguery.	91
	5 *Décembr.*	M. Edme-Jean Le Jay, *le père.*	92

ORDRE CHRONOLOGIQUE.

1768.	9 *Janvier.*	M. Louis-François Barrois , *l'aîné.*	93
	1 *Février.*	M. Jean-Pierre Pillot.	94
	29 *Mars.*	M. Etienne Lemoine.	95
	19 *Avril.*	M. Laurent-Noël Piffot , *le fils.*	96

— 55e SYNDICAT, de M Ant.-Cl. BRIASSON, du 15 Juin 1768, au 5 Juillet 1770.——　　2 ans 20 jours.

1768.	9 *Août.*	M. Pierre-Merry Delaguette , *Impr.*	97
	23	M. Antoine Prevoft.	98
	26	M. Guillaume-Luc Bailly.	99
	11 *Octobre.*	M. Charles Guillaume.	100
1769.	21 *Février.*	M. Jean-Pierre Coftard.	101
	15 *Juin.*	M. Claude-Ant. Jombert , *l'aîné.*	102
	4 *Juillet.*	M. Fr.-Jean-Noël Debure , *le fils jeune.*	103
	1 *Septembr.*	M. Ant. Guenard de Monville , *Impr.*	104
	4 *Octobre.*	M. André-Georges Dupuis.	105
1770.	3 *Juillet.*	M. Michel Le Boucher.	106

— 56e SYNDICAT, de M. J.-Th. HERISSANT, du 5 Juillet 1770, à fa mort 2 Août 1772.——　　2 ans 1 m. 15 j.

1770.	28 *Sept.*	M. Jean-Gabriel Creffonnier.	107
	26 *Octobre.*	M. François-Hubert Monory.	108
1771.	23 *Février.*	M. Claude-Jacques-Charles Durand.	109
	3 *Mai.*	M. Jean-Baptifte Baftien.	110
	17 *Décembr.*	M. Louis Jorry , *Imprimeur.*	111
	23	M. Jacques-François Froullé.	112
1772.	13 *Mars.*	M. Eugene Onfroy , (*Gr.Pr.*)	113
	7 *Avril.*	M. Jean-Georg.-Ant. Stoupe , *Impr.*	114
	17 *Juin.*	M. Nicolas Ruault.	115

— 57e SYNDICAT, de M. Ch.-Ant. JOMBERT , du 20 Août 1772, au 5 Août 1774.——　　2 ans 11 m. 5 j.

1772.	4 *Sept.*	M. J.-A. Durand du Frefnoy, *le jeune.*	116
	13 *Octobre.*	M. Louis-Alex. Jombert , *le jeune.*	117
		M. Nicolas Savoye.	118
	5 *Novembr.*	M. Benoît Morin.	119
1773.	5 *Mars.*	M. Pierre-Michel Nyon , *le jeune.*	120
	16 *Juillet.*	M. Jean-François Colas.	121

1773.	31 *Août.*	M. Antoine Santus, *le père.*	122
		M. Jean-Baptiste Fournier.	123
	18 *Septembr.*	M. Jean-Charles Colombier.	124
	22 *Décembr.*	M. Pierre-Théophile Barrois, *le jeune.*	125
	23	M. Pierre-Etienne Dubois, *le fils.*	126
	31	M. J.-B.-F. Née de la Rochelle. (*G. P.*)	127
1774.	8 *Janvier.*	M. Cl.-Charl. Méquignon, *le jeune.*	128
		M. Robert-André Hardouin.	129
	15 *Avril.*	M. Jean-Baptiste Gobreau.	130
	20 *Mai.*	M. Jean-Didier Dorez.	131
	15 *Juillet.*	M. Edme-Marie-Pierre Défauges.	132

————— 58e SYNDICAT, de M. Charles SAILLANT, du 3 Août 1774, au 3 Juillet 1777. —————

2 ans 11 mois.

1775.	23 *Mai.*	M. Augustin-Jérôme Brun.	133
	5 *Septembr.*	M. Nicolas-Henry Nyon, *le* 3me. *Impr. concurremment avec* M. Simon.	134
	15	M. Louis-Jean La Cloye.	135
1776.	26 *Avril.*	M. Jean-Charles Desaint, *Imprimeur.*	136
	7 *Juin.*	M. Ant.-Louis-G. C. Laporte, *Impr.*	137
	31 *Décembr.*	M. Victor Desfenne.	138
1777.	10 *Mars.*	M. François Belin.	139
		M. Venant-Roch Moureau.	140
	15 *Mars.*	M. Denis Volland.	141
	20	M. Achilles - Maximin - Philogone Knapen, *le fils,* (*Gr. Pr.*) *Impr. concurremment avec* M. *son père.*	142
		M. Thomas Brunet.	143
	25	M. Louis-Alex. Delalain, *le jeune.*	144
		M. Louis-Pierre Bradel.	145
	6 *Mai.*	M. Jean-Jacq.-Denis Valade, *Imprimeur sans exercice.*	146
	16	M. Jacques-Philibert Santus, *le fils.*	147
		M. Nicol.-Touss. Méquignon, *l'aîné.*	148
		M. Jean-Antoine Bleuet, *le fils aîné.*	149

	16 *Mai.*	M. Paul-Denis Méquignon, *le* 3*me*.	150
1777.	27	M. François-Jean Baudouin, *Impr.* concurremment avec M. *Lambert.*	151
		M. Nicolas-Noël-Henri Tilliard.	152
		M. Michel Sorin.	153
	30	M. Pierre-Michel Lamy.	154
		M. François Dupuis.	155
	13 *Juin.*	M. Pierre-Laurent Prault.	156
		M. Julien-Augustin Grangé, *le fils.*	157
		M. Jean-Louis Serveron.	158
		M. Jean Hilaire.	159

— 59e Syndicat, de M. Aug.-Mart. LOTTIN, l'aîné, du 3 Juillet 1777, au 18 Mai 1780. — *2 ans 10 m. 15 j.*

1777.	22 *Juillet.*	M. Claude-Antoine Lefclapart.	160

— 60e Syndicat, de M. Charles-Guillaume LE CLERC, du 18 Mai 1780, au

1780.	12 *Septembr.*	M. Jean-Baptifte Raucourt,	161
1781.	30 *Novembr.*	M. Jean-Baptifte-Nicolas Crapart.	162
1782.	22 *Janvier.*	M. Jean-François-Hubert Guillot.	163
	30 *Mars.*	M. Jean Servieres.	164
	16 *Avril.*	M. Louis-Emmanuel Regnault.	165
1783.	11 *Avril.*	M. Laurent-François Prault.	166
	29	M. Jacques-Denis Langlois.	167
	19 *Août.*	M. André-Medard Gaftelier.	168
	25 *Novembr.*	M. Louis-Henri Periffe.	169
1784.	7 *Mai.*	M. J.-R. Lottin de Saint-Germain, *Im.* concurremment avec M. *Lottin, l'aîné.*	170
	22 *Juin.*	M. Pierre-Jacques Duplain.	171
	27 *Juillet.*	M. Gafpard-Jofeph Cuchet.	172
	5 *Octobre.*	M. Pierre-François Bleuet, 2*me fils.*	173
	7 *Décembr.*	M. François-Charles Gattey.	174
1785.	12 *Avril.*	M. Antoine-Louis-Agnès Varin.	175
	27 *Mai.*	M. Jean-Jacques Deveria.	176
	14 *Juin.*	M. Pierre Plaffan.	177
	15 *Juillet.*	M. François Buiffon.	178

1785.	26 *Juillet.*	M. Louis-Laurent-Ed. Lejay, *le fils.*	179
	29	M. Claude Poinçot.	180
	2 *Août.*	M. Jean Cuffac.	181
	26	M. Vincent Petit.	182

ORDRE CHRONOLOGIQUE
DES VEUVES DES LIBRAIRES
JURÉS DE L'UNIVERSITÉ DE PARIS.

MESDAMES LES VEUVES de

1712.	19 *Juin.*	M. FRANÇOIS BABUTY.	183
1718.	22 *Février.*	M. Pierre-Gilles Le Mercier, *ancien Syndic & ancien Conful.*	184
1721.	30 *Décembr.*	M. Dominique-Louis Vatel.	185
1722.	12 *Juin.*	M. Jean-Luc Nyon, *ancien Adjoint.*	186
1726.	3 *Mai.*	M. Théodore De Hanfy, *le père.*	187
	21	M. Jean-Thomas Hériffant, *Imprim. ordinaire du Roi, des Cabinet, Maifon & Bâtimens de S. M. ancien Syndic, & ancien Conful.*	188
1728.	8 *Avril.*	M. Laurent-Charles Guillaume.	189
1729.	15 *Janvier.*	M. Barthelemi Alix.	190
1733.	1 *Septembr.*	M. André-Franç. Le Breton, *ancien Syndic, & ancien Juge-Conful.*	191
1734.	16 *Février.*	M. Marie-Jacq. Barrois, *anc. Adj.*	192
1735.	19 *Février.*	M. Charles-Claude Thibouft, *Impr. Libraire du Roi, ancien Adjoint.*	193
	23 *Décembr.*	M. Charles De Poilly.	194

ORDRE ALPHABÉTIQUE
DES LIBRAIRES
ET DES IMPRIMEURS
JURÉS DE L'UNIVERSITÉ DE PARIS,

*Avec l'indication de leur Demeure, & l'année
de leur Réception.*

MESSIEURS,

B.

Babuty, *rue des Grands Auguſ-
tins,*   1750.
Bailly, *rue Saint-Honoré,*   1768.
Ballard, *rue des Mathurins,* 1767.
Barbou, *rue des Mathurins,* 1746.
Barrois, (Louis-François) l'aîné,
   quai des Auguſtins,   1768.
Barrois (Pierre-Théophile) le jeune,
   quai des Auguſtins,   1773.
Baſtien, *rue Hyacinthe,*   1771.
Baudouin, *rue de la Harpe,* 1777.
Belin, *rue Saint-Jacques,*   1777.
Berton, *rue Saint-Victor,*   1763.
Bleuet, (Claude) le père, *Pont
   Saint Michel,*   1765.
Bleuet (Jean-Antoine) le fils aîné,
   quai de Gévres,   1777.
Bleuet (Pierre-François) le fils
   jeune, *au Havre,*   1784.
Boudet, *rue Saint-Jacques,* 1734.
Bradel, *rue d'Ecoſſe,*   1777.
Brocas, *rue Saint-Jacques,* 1754.
Brun, *à Nantes,*   1775.

Brunet (Thomas) *rue Marivaux,*
                              1777.
Buiſſon, *rue des Poitevins,* 1785.
Butard, *rue Saint-Jacques,* 1740.

C.

Cailleau, *rue Galande,*   1753.
Cavelier, *au Palais Royal,* 1741.
Cellot, *rue des Grands Auguſtins,*
                              1756.
Chardon, *rue de la Harpe,* 1758.
Clouſier, *rue de Sorbonne,* 1767.
Colas, *place de Sorbonne,* 1773.
Colombier, *rue des Mathur.* 1773.
Coſtard, ... 1769.
Couturier, (Denis-Clem.) le père,
   rue des Poulies,   1764.
Couturier, (Pierre-Denis) le fils,
   quai des Auguſtins,   1764.
Crapart, *rue d'Enfer,*   1781.
Creſſonnier, *quai des Auguſt.* 1770.
Cuchet, *rue Serpente,*   1784.
Cuſſac, *rue Jacob.*   1785.

MESSIEURS,

D.

Debure (Jean) le père, *quai des Augustins*, 1721.

Debure, (Guillaume) le fils aîné, *quai des Augustins*, 1759.

Debure de Saint-Fauxbin, (Jean-François) *rue de Savoie*, 1765.

Debure, (François-Jean-Noël, le fils jeune, *quai des Augustins*, 1769.

De Hanfy, *Pont au Change*, 1763.

Delaguette, *rue de la Vieille-Draperie*, 1768.

Delalain, (Nicolas-Auguſt.) l'aîné, *rue Saint-Jacques*, 1764.

Delalain, (Louis-Alex.) le jeune, *rue Saint-Jacques*, 1777.

De Lormel, *rue du Foin-Saint-Jacques*, 1743.

De Monville, *voyez* Guenard.

Defaint, *rue Saint-Jacques*, 1776.

Défauges, *rue Saint-Louis, près du Palais*, 1774.

Defchamps, *rue S.-Jacques*, 1764.

Defnos, *rue Saint-Jacques*, 1767.

Defpilly, (Jean-Bapt.) le père, *rue Saint-Jacques*, 1743.

Defpilly, (Robert-Marc) le fils, *à Nantes*, 1766.

Defprez, *rue Saint-Jacques*, 1741.

Deffenne, *au Palais Royal*, 1776.

Deveria, *Fauxb. S. Jacques*, 1785.

D'Houry, *rue Hautefeuille*, 1741.

Didot, (François-Ambroife) l'aîné, *rue Pavée-Saint-André*, 1753.

Didot, (Pierre-François) le jeune, *quai des Augustins*, 1753.

Dorez, *rue du Jardinet*, 1774.

Dubois, (Pierre-Etienne) le père, *rue de l'Hirondelle*, 1767.

Dubois, (Pie.-Et.) le fils, 1773.

Duplain, *cour du Commerce*, 1784.

Dupuis, (André - Georges) *rue Jacob*, 1769.

Dupuis, (François) *au Palais*, 1777.

Durand, (Pierre-Etienne-Germain) le neveu, *rue Galande*, 1761.

Durand, (Claude-Jacques-Charl.) *rue du Foin-Saint-Jacques*, 1771.

Durand, (Pierre-François) l'aîné, *chez M. Durand, rue du Foin-Saint-Jacques*, 1766.

Durand du Frefnoy, (Jean-Auguſt.) le jeune, *Place Sorbonne*, 1772.

E.

Eftienne, (Jacques) l'aîné, *rue Saint-Jacques*, 1740.

Eftienne, (Robert) le jeune, *rue Saint-Jacques*, 1746.

F.

Fétil, *rue Saint André-des-Arcs*, 1767.

Fournier, (Antoine) *rue du Hurepoix*, 1761.

Fournier (Jean-Baptiſte) *rue Hautefeuille*, 1773.

MESSIEURS,

Prevoſt, (Louis-Nicolas) *quai des Auguſtins*, 1756.

Prevoſt , (Antoine) *rue de la Harpe*, 1768.

Pyre, *rue de la Harpe*, 1767.

Q.

Quillau, (Jacques-François) l'aîné, *rue Chriſtine*, 1742.

Quillau, (François-Auguſtin) le jeune, *rue du Fouare*, 1763.

R.

Raucourt, *à Charleville*, 1780.

Regnault, *rue Saint-Jacques*, 1782.

Robuſtel, *paſſage des Jacobins*, 1742.

Rozet, *rue Saint-Sauveur*, 1761.

Ruault, *au Palais Royal*, 1772.

S.

Saillant, *rue du Jardinet*, 1740.

Samſon, *quai des Auguſtins*, 1756.

Santus, (Antoine) le père, *quai des Auguſtins*, 1773.

Santus, (Jacques-Philibert) le fils, *chez M. ſon pere*, 1777.

Saugrain, (Antoine-Claude) l'aîné, 1748.

Saugrain, (Claude - Marin) le jeune, *rue Pavée*, 1759.

Savoye, *rue Saint-Jacques*, 1772.

Ségaud, *quai le Gevres*, 1767.

Serveron, *rue des Mathurins*, 1777.

Servieres, *rue Saint - Jean - de - Beauvais*, 1782.

Simon, (Pierre - Guillaume) *rue Saint-Jacques*, 1738.

Simon, (Claude) *rue Saint-Jacques*, 1766.

Sorin, *quai des Auguſtins*, 1777.

Stoupe, *rue de la Harpe*, 1772.

T.

Tilliard, *rue de la Harpe*, 1777.

V.

Valade, (Jean-Jacques-Denis) *chez Mme. ſa mere*, 1777.

Valleyre, (Jean-Bapt.-Paul) l'aîné, *rue de la Vieille-Bouclerie*, 1749.

Valleyre, (Nicolas-Franç.) le jeune, *rue Saint-Severin*, 1763.

Varin, *rue du Petit-Pont*, 1785.

Vatar, *paſſage des Jacobins*, 1765.

Vente, *rue des Anglois*, 1764.

Villette, *rue Saint-Jacques*, Maiſon de M. Martin, ou à Liſy-ſur-Ourcq, 1720.

Vincent, *rue des Foſſoyeurs*, 1744.

Volland, *quai des Auguſtins*, 1777.

ORDRE ALPHABETIQUE
DES VEUVES DES LIBRAIRES
JURÉS DE L'UNIVERSITÉ DE PARIS,

*Avec l'indication de leur Demeure, & l'année
de la Réception de leurs Maris.*

MESDAMES LES VEUVES de MM.

A.

Alix, *Cloître Saint-Benoît,* 1729.

B.

Babuty, *rue Saint-Jacques,* 1712.
Ballard, *rue des Mathurins,* 1741.
Barrois, *quai des Augustins,* 1734.
Bichois, *rue du Marché Palu,* 1767.
Brocas, l'aîné, *rue d'Orléans, faux-
bourg Saint-Marceau,* 1747.

D.

Debure, (Guillaume-François) *rue
de Savoie,* 1753.
De Hanfy, (Théodore) le père, *rue
Baffe des Urfins,* 1726.
De Hanfy, (Louis-Guillaume) le
fils aîné, *rue Sainte-Croix de la
Bretonnerie,* 1760.
Delévaque, *Port au Bled,* 1767.
Depoilly, *quai de Gévres,* 1735.
Defaint, *rue du Foin-Saint-Jacques,*
1759.
Deffain, *junior,* 1761.

Duchefne, *rue S.-Jacques,* 1751.

E.

Efprit, *au Palais Royal,* 1773.

F.

Foffe, *rue des Amandiers,* 1753.

G.

Gueffier, (Claude - Pierre) *Cour
des Jacobins,* 1737.
Gueffier, (Richard - Simon) *rue
Croix-des-Petits-Champs,* 1774.
Guillaume, (Laurent-Charles) le
père, *quai Pelletier,* 1728.
Guillaume, (Laurent-François) le
neveu, *place du Pont Saint-Mi-
chel,* 1771.
Guillyn, *rue des Marmouzets,* 1742.

H.

Hériffant, (J.-Thomas) *rue de la
Parcheminerie,* 1726.
Hériffant, (Claude-J.-B.) *rue Neuve
Notre-Dame,* 1740.
Humaire, *rue du Marché Palu,* 1764.

MESDAMES LES VEUVES de MM.

L.

Le Breton, *rue Hautefeuille*, 1733.
Lefclapart, *quai de Gèvres*, 1750.
Le Mercier, *rue S. Jacques*, 1718.
Limoufin, *au Palais Royal*, 1764.

N.

Nyon, *rue Mignon*, 1722.

P.

Pierres, *rue Mouffetard*, 1739.
Poirée, *Pont Marie*, 1767.

Prault, (Laurent) *chez M. Prault, l'aîné*, , 1752.

R.

Robin, *paffage du Saumon*, 1764.

T.

Thibouft, *place de Cambray*, 1735.
Tilliard, *rue de la Harpe*, 1747.

V.

Vallat-la-Chapelle, *au Palais*, 1759.
Valade, *rue des Noyers*, 1773.
Vatel, *quai de Gèvres*, 1721.

ORDRE CHRONOLOGIQUE
DES XXXVI
IMPRIMEURS-LIBRAIRES
JURÉS DE L'UNIVERSITÉ DE PARIS.

Cette marque =*fignifie* au lieu de.

1739. 6 *Février.* M. GILLES LAMESLE, *l'aîné*, DOYEN (= *Jean-Baptifte*, fon père) *hôtel de Bretonvilliers.* 1

1741. 28 *Septembr.* M. *Pierre-Guill.* Simon (= *Pierre*, fon père) anc. *Adjoint rue Saint-Jacques.* 2
M. Nicolas-Henri Nyon, pour exercer concurremment avec M. Pierre-Guillaume Simon, *rue Mignon*, (31 Août 1782.)

1743. 10 *Décembr.* M. *Guill-Nicolas* Defprez, (= *Guill.* fon père) *ancien Adj. rue S.-Jacques.* 3

1749.	18 *Juillet*	M. *André-François* Knapen, *le père,* (= fa mère (femme d'*André*) & *J.-Fr.* Robuftel) *ancien Adjoint, rue Saint-André-des-Arcs.*	4
		M. Achille-Maximin-Philogone Knapen, pour exercer concurremment avec M. fon père, *rue Saint-André-des-Arcs,* (18 Février 1783.)	
	8 *Mai.*	M. *Laur.-Charl.* D'Houry (= *Alexis-Xavier - René* Mefnier & V*ᵉ Guill.* Valleyre) *ancien Adjoint, rue Hautefeuille.*	5
1750.	6 *Octobre.*	M. *Jofeph-Gérard* Barbou, (= V*ᵉ J. B. Chriftophe* Ballard & V*ᵉ Jofeph* Barbou) *rue des Mathurins.*	6
1752.	3 *Août.*	M. *Auguftin - Martin* Lottin, *l'aîné,* (= *Jean-Bapt.* Coignard) *rue Saint-André-des-Arcs,*	7
		M. Jean-Roch Lottin de Saint-Germain, pour exercer concurremment avec M. Lottin l'aîné, *rue Saint-André-des-Arcs,* (3 Août 1784).	
1754.	28 *Juin.*	M. *Jean - Auguftin* Grangé, *le père,* (= V*ᵉ Chriftophe* David & *J. B.* Gonichon) *rue de la Parcheminerie.*	8
1757.	1 *Juillet.*	M. *François - Ambroife* Didot, *l'aîné,* (= *François,* fon père) *ancien Adj. rue Pavée-Saint-André-des-Arcs.*	9
1758.	13 *Octobre.*	M. *Michel* Lambert, (= V*ᵉ Jacq.-Fr.* Grou) *ancien Adjoint, rue de la Harpe.*	10
		M. J. Baudouin, pour exercer concurremment avec M. Lambert, *rue de la Harpe.* (8 Fév. 1782).	
1759.	24 *Avril.*	M. *Pierre-Nicolas* De Lormel (= V*ᵉ François* Delaguette) *ancien Adjoint, rue du Foin.*	11
1760.	11 *Mars*	M. *Louis* Cellot (= M. *Charl-Antoine* Jombert) *rue des Grands Auguftins.*	12
1761.	20 *Janvier.*	M. *Jean-Baptifte-Paul* Valleyre, *l'aîné,* (= *Henri-Simon-Pierre* Giffey) *rue de la Vieille Bouclerie.*	13

1762. 26 *Juin*.	M. *J-Fr.-Louis* Chardon, (= *Jacques*, fon père) ancien *Adj. rue de la Harpe.*	14
1764. 1 *Mars*	M. *Nicolas-François* VALLEYRE, *le jeune*, (= Vᵉ *J.-B.* Lamefle) *Adjoint*, *rue Saint-Severin.*	15
1764. 3 *Juillet*	M. *Franç.-Auguftin* Quillau, *le jeune*, (= fa mère, femme de *Gabriel-Franç.*) *Ex-Adjoint*, *rue du Fouare.*	16
1768. 15 *Juillet*.	M. *Philippe-Denis* Pierres, (= M. *Pierre-Gilles* Le Mercier) *rue Saint-Jacques.*	17
1772. 17 *Mars*.	M. *Louis* Jorry, (= *Sébaftien*, fon père) *rue de la Huchette.*	18
1772. 14 *Avril*.	M. *Claude* Simon, (= fa mère, femme de *Claude-François*) *rue Saint-Jacques.*	19
1772. 19 *Mai*.	M. *André-Charl.* Cailleau, (= *Gabriel* Valleyre, le père) *rue Gallande.*	20
1773. 18 *Mai*.	M. *P.-François* GUEFFIER, (= *Charles-Et.* Chenault) *Adjoint*, *rue de la Harpe.*	21
1773. 24	M. *Pierre-Merry* Delaguette, (= *Jean* Lamefle) *rue de la Vieille-Draperie.*	22
1773. 27	M. *Jacq.-Gabriel* Cloufier, (= M. *Pierre-Alex.* Le Prieur) *rue de Sorbonne.*	23
1773. 13 *Août*.	M. *Jean - Georges - Antoine* Stoupe, (= M. *André-François* Le Breton) *rue de la Harpe.*	24
1774. 2 *Août*.	M. *Antoine* Guenard de Monville, (= *Jacques - Bernard* Brunet) *rue Chriftine.*	25
1777. 28 *Janvier*.	M. *Nicolas - Léger* Moutard, (Vᵉ de *Charles-Maurice* d'Houry) *rue des Mathurins.*	26
1779. 30 *Mars*.	M. *Pierre-François* Didot, *le jeune*, (= M. *Philippe* Vincent) ancien *Adjoint*, *quai des Auguftins.*	27
1779. 30 *Mars*.	M. *J.-Charles* Defaint, (M. *Antoine* Boudet) *rue Saint-Jacques.*	28
1781. 13 *Février*.	M. *Louis-Laurent* Prault, (*Laurent-François*, fon père) *quai des Auguftins.*	29

1782. 31 *Août.*	M. *Pierre - Denis* Couturier , *le fils,* (= M. *Denis-Clément,* fon père) *quai des Auguſtins.*	30
1783. 26 *Septembr.*	M. *Antoine-Louis - Guillaume -Catherine* Laporte , (= M. *Benoît* Morin) *rue Saint-Jacques.*	31
1785. 13 *Mai.*	M. *Jacques-Denis* Valade , *le fils,* pour n'exercer que quand il y aura une Imprimerie vacante , *chez Mᵐᵉ ſa mere.*	

MESDAMES LES VEUVES de

1737. 18 *Juin.*	M. *Claude-Charl.* Thibouſt (= *Claude-Louis,* fon père) *ancien Adjoint, place de Cambray.*	32
1742. 6 *Décembr.*	M. *Chriſtophe-Jean-François* Ballard , (= *François-Hubert* Muguet) *rue des Mathurins.*	33
	M. *Pierre-Robert-Chriſtophe* Ballard , (pour exercer concurremment avec ladite Dᵐᵉ fa mère) *rue des Mathurins.* (24 Septembre 1779.)	
1757. 1 *Février.*	M. *Claude - Jean - Baptiſte* Hériſſant (= *Claude-Jean-Baptiſte,* fon père) *rue Neuve Notre-Dame.*	34
1763. 3 *Septembr.*	M. *Jean - Thomas* Hériſſant, *le père,* (= Vᵉ de *Jacques* Collombat) *ancien Syndic* & *ancien Conful, rue de la Parcheminerie.*	35
1778. 11 *Décembr.*	M. *Jacques-François* Valade , *le père,* (= M. *Louis - François* Delatour) *rue des Noyers.*	36

FONDEURS
EN CARACTERES D'IMPRIMERIE.

M. Gando (Pierre-François) *cloître Saint-Julien le Pauvre.*   1
M. Lamefle, (Claude) *à Avignon.*   2
M. Grangé, (Jean-Auguftin) le père, *rue de la Parcheminerie.*   3
M. Fournier, (Jean-François) *rue du Foin-S.-Jacques.*   4
M. Gillé, (Jofeph) *place de l'Eftrapade.*   5
M. De Lormel, (Pierre-Nicolas) *rue du Foin-Saint-Jacques.*   6
M. Fournier, (Simon-Pierre) le jeune, *rue des Poftes.*   7
M. Joannis (Jacques-Louis) *rue Contrefcarpe, F. S. M.*   8
M. Guyon (Nicolas) *rue des Bernardins.*   9
Mefdemoifelles Fournier, *place de l'Eftrapade.*   10

MESDAMES LES VEUVES de

M. Hériffant (Jean-Thomas) *rue de la Parcheminerie*   11
M. Thibouft, (Claude-Charles) *place de Cambray.*   12
M. Capon, (Vincent-Denis) *cloître Saint-Benoît.*   13

OFFICIERS DE LA COMMUNAUTÉ.
Avocats aux Confeils,
Me Roux, *rue d'Anjou-Dauphine, du* 11 *Mars* 1748.
Me Cochu, *rue des Foffés Montmartre, du* 6 *Février* 1778.
Commiffaire au Châtelet,
Me Berton, *rue Pavée, près celle Françoife, en l'année* 1781.
Notaire au Châtelet,
Me Etienne, *rue Saint-Jacques, en l'année* 1780.
Procureur au Châtelet,
Me Petit de Monfeigle, *rue du Plâtre-S.-Jacques, en l'année* 1783.

Pour la Tranfcription des Privileges, Permiffions du Sceau & de Police, Ceffions, &c. M. *Gobreau*, à la Chambre Syndicale, tous les *Mardis* & *Vendredis* de l'année, de relevée. (du 8 Mai 1780.)

Pierre-Charles CHAUMONT, Clerc de la Communauté, *du 27 Décembre 1764, en la Chambre Royale & Syndicale, rue du Foin S.-Jacques.*

M. DCC. LXXXV.